Amelia Cepollaro

Video italiano 3

Videocorso italiano per stranieri

Materiale autentico

Livello superiore

EDILINGUA

www.edilingua.it

© Copyright edizioni EdiLingua
Moroianni 65 12133 Atene
Tel./fax: ++30-10-57.33.900

www.edilingua.it
e-mail address: info@edilingua.it

I edizione: gennaio 2002
Impaginazione e progetto grafico: EdiLingua
I.S.B.N.: 960-7706-32-3

> I diritti di traduzione, di memorizzazione elettronica, di riproduzione
> e di adattamento totale o parziale, con qualsiasi mezzo (compresi i
> microfilm e le copie fotostatiche) sono riservati per tutto il mondo.

L'editore è a disposizione degli aventi diritto non potuti reperire; porrà inoltre rimedio, in caso di cortese segnalazione, ad eventuali omissioni o inesattezze nella citazione delle fonti.

Un grazie particolare ai Prof. Sandro Magnelli e Telis Marin per la loro fiducia e stima e alla mia amica e collega Maria Angela Rapacciuolo per il suo continuo appoggio morale.

L'autrice

*<div style="text-align: right">Dedicato ai miei che non ci sono più,
ma che sono presenti intensamente
nella mia anima</div>*

Amelia Cepollaro è insegnante di italiano c/o la Filiale di Salonicco della Scuola Universitaria di Strasburgo per Interpreti e Traduttori. Da anni si interessa dell'utilizzazione del video in classe e ha seguito corsi di specializzazione presso l'Università di Rouen (*Nuove tecnologie: immagine, video e informatica in didattica*). Ha conseguito c/o l'Università per Stranieri di Siena la Certificazione di Competenza all'insegnamento dell'italiano a stranieri (DITALS). Ha tenuto numerosi seminari aventi come oggetto l'utilizzazione del video come strumento pedagogico.

---

edizioni EDILINGUA

T. Marin - S. Magnelli **Progetto italiano 1**
Corso di lingua e civiltà italiana. Livello elementare - intermedio

T. Marin - S. Magnelli **Progetto italiano 2**
Corso di lingua e civiltà italiana. Livello medio

T. Marin - S. Magnelli **Progetto italiano 3**
Corso di lingua e civiltà italiana. Livello superiore

A. Cepollaro **Video italiano 1**
Videocorso italiano per stranieri. Livello elementare - intermedio

A. Cepollaro **Video italiano 2**
Videocorso italiano per stranieri. Livello medio

A. Cepollaro **Video italiano 3**
Videocorso italiano per stranieri. Livello superiore

T. Marin **La Prova orale 1**
Manuale di conversazione. Livello elementare - intermedio

T. Marin **La Prova orale 2**
Manuale di conversazione. Livello medio - avanzato

A. Moni **Scriviamo!**
Attività per lo sviluppo dell'abilità di scrittura. Livello elementare - intermedio

M. Zurula **Sapore d'Italia**
Antologia di testi. Livello medio

T. Marin **Primo Ascolto**
Corso per la comprensione orale. Livello elementare - intermedio

T. Marin **Ascolto Medio**
Corso per la comprensione orale. Livello medio

T. Marin **Ascolto Avanzato**
Corso per la comprensione orale. Livello superiore

T. Marin **l'Intermedio in tasca**
Preparazione alla prova scritta. Livello intermedio

INDICE

Titolo	durata	pagina
1. Le sagre di fano	2,29"	8
2. Ricetta italiana	3,10"	11
3. Il problema del fumo	4,40"	13
4. Il commercio elettronico	3,25"	17
5. Intervallo pubblicitario	56"	20
6. Roma: Piazza Navona	1,44"	23
7. Il Sud Tirolo	3,26"	26
8. Affari di cuore	4,43"	29
9. Alessandro Manzoni e il suo italiano	3,30"	32
10. Il Vesuvio: un ricordo ancora vivo	4,34"	35
11. Sogni nel cassetto	2,00"	37
12. Leonardo da Vinci	2,06"	39
13. La figura dell'artigiano oggi	1,25"	41
14. Intervallo pubblicitario	45"	43
15. Presentazione di un romanzo	3,07"	46
16. Uomo - donna: Gli stereotipi	4,02"	48
17. La città di Termoli	4,16"	51
18. La moda	2,28"	57

PREMESSA

Caro studente,

Con questo metodo abbiamo voluto darti la possibilità di conoscere da vicino la società italiana. Darti l'opportunità di venire a conoscenza di dati non solo linguistici ma anche culturali, tramite sequenze tratte da trasmissioni televisive italiane.
Video Italiano è una finestra dalla quale potrai affacciarti, ascoltare l'italiano parlato dagli italiani (l'italiano vero) e osservare la realtà italiana in tutti suoi aspetti.

Video Italiano è composto da:
1. Il Quaderno dello studente
2. La Guida del professore
3. Una videocassetta.

QUADERNO DELLO STUDENTE

Il quaderno dello studente è indispensabile, in quanto costituisce un riferimento didattico. Lo studente, avendo il quaderno davanti, sa cosa deve fare e si concentra sulle attività richieste dal filmato. In questo modo egli passa, da una posizione passiva (guardare la Tv) ad una attiva: guarda e esegue ciò che gli è richiesto dal quaderno degli esercizi.
Per ogni filmato c'è una nota introduttiva.
La batteria degli esercizi comincia con delle attività di facile fattura (V/F, ecc.) e continua con domande di comprensione aperte e con spunti per la produzione scritta e orale.
In alcuni filmati si fa cenno alla *comunicazione non verbale*, ulteriore spunto per una lezione interculturale.
Alla fine di ogni filmato c'è il relativo vocabolario.

LA VIDEOCASSETTA

Essa è composta da 18 filmati.
Ogni filmato è indipendente dall'altro così da lasciare libertà di scelta al professore.
Non si va dal semplice al complesso. Il professore sceglie il filmato secondo il suo fine pedagogico.
In basso sullo schermo ci sarà un COUNTER dei minuti. Il counter è un altro vantaggio per il professore perché lo facilita tantissimo quando deve portare avanti o indietro la videocassetta.
Ogni filmato è RIPETUTO DUE VOLTE per semplificare sempre più il compito fastidioso che tocca all'insegnante di manovrare il telecontrollo del videoregistratore.
I filmati sono tutti AUTENTICI e riguardano TUTTI I GENERI TELEVISIVI: Tg, talk-show, pubblicità, fiction italiana, varietà, ecc., ecc..
Video Italiano è uno strumento per viaggiare nella realtà italiana seduto comodamente in classe con i tuoi compagni...

Buona Visione
L'autrice

1. LE SAGRE DI FANO (2'29")

Si tratta di un'intervista in cui si parla delle sagre caratteristiche di questa città e di altre zone della regione.
La sagra è una festa legata soprattutto alla celebrazione di prodotti della terra, ma può anche essere una cerimonia sacra come per esempio la festa patronale.

PRIMA VISIONE

ATTIVITÀ 1

Dopo aver visto il filmato rispondete alle seguenti domande:

a) Da che cosa è ornato il "salotto" di Fano?
- ❑ Dalla Piazza della Ragione
- ❑ Dalla Fontana della Fortuna
- ❑ Dal porto
- ❑ Dal Centro Commerciale

b) Quando è conveniente andare a Fano?
- ❑ Da Pasqua fino a mezza estate
- ❑ Da Pasqua fino alla fine dell'estate
- ❑ Da Pasqua fino all'inizio dell'estate
- ❑ Solo a Pasqua, d'estate fa caldo!

c) Cosa offrono le Associazioni e i Consorzi a Pasqua?
- ❑ Ristoranti a prezzi modici
- ❑ Spettacoli a prezzi modici
- ❑ Discoteche a prezzi modici
- ❑ Gite

ATTIVITÀ 2

Segnate con una X le sagre dei paesi realmente detti dall'intervistata

- ❑ Sagra di Marotta
- ❑ Sagra di Mondolfo
- ❑ Sagra di Sondrio
- ❑ Sagra di San Lorenzo Campo
- ❑ Sagra di Sant'Abate del Colle
- ❑ Sagra di San Gennaro
- ❑ Sagra di San Costanzo

SECONDA VISIONE

ATTIVITÀ 3
Riguardate il filmato e verificate le attività precedenti

ATTIVITÀ 4
Descrivete le seguenti sagre:

LA SAGRA DEI CARAGOI	LA SAGRA POLENTARA	LA SAGRA DEL CASTAGNOLO

ATTIVITÀ 5
Scrivete una lettera al Centro Turistico di Fano per informazioni sulle sagre, sul periodo e sulle offerte (albergo, ristoranti, gite, ecc..)

Attività 6
Parliamo un po'

Cosa pensate delle sagre di Fano?
Nel vostro Paese ci sono le sagre?
Sono più sagre religiose o profane?
Vi piace andare a vedere questi tipi di feste?

VOCABOLARIO

Imponente: maestoso
Efficiente: valido, efficace
Lido: fascia di terra sabbiosa bagnata dal mare; spiaggia attrezzata di stabilimenti balneari; lo stabilimento stesso "andiamo al Lido Loris"

Rievocazione: ricordo, memoria
Consorzio: associazione costituita per compiere un'operazione economica di comune interesse
Escursioni: gite
Entroterra: zona non bagnata dal mare, zona interna

2. RICETTA ITALIANA (3'10")

Come fare una buona insalata...

PRIMA VISIONE

SENZA SONORO (33")

ATTIVITÀ 1

Scrivete nella griglia seguente gli ingredienti e le quantità date nel filmato in sovrimpressione

QUANTITÀ	INGREDIENTI

CON SONORO

ATTIVITÀ 2

Di seguito ci sono dei verbi che si possono trovare in una ricetta. Correlate le immagini a quei verbi le cui azioni sono presenti nelle foto

- mettere
- tagliare
- incidere
- preparare
- tritare
- spalmare
- mondare

11

- sgrondare
- aggiungere
- lavare
- mescolare
- versare
- ridurre

mescolare

SECONDA VISIONE

ATTIVITÀ 3

Dopo aver visto di nuovo il filmato, completate la seguente griglia

INGREDIENTI	AZIONI
Insalate →	Mondate tutte le verdure
Pamodori	
Mais	
Erbe aromatiche	
Cetriolo	

ATTIVITÀ 4

...Ed ora tocca a voi. Create una ricetta, specificando ingredienti e quantità, che contenga, fra l'altro, i seguenti verbi:

- lavare
- tagliare
- aggiungere
- versare
- mescolare
- tritare
- lessare

Buon appetito!

3. IL PROBLEMA DEL FUMO (4'40")

PRIMA SEQUENZA (2'57")

ATTIVITÀ 1

Segnate con una X l'affermazione esatta

1. Il tema principale è quello dell'assuefazione al fumo ☐
2. L'assuefazione si ha per cose che non fanno bene alla salute ☐
3. I fumatori smettono di fumare quando stanno male ☐
4. Il prezzo delle sigarette aiuta a non far prendere il vizio del fumo ☐
5. Lo Stato italiano ha il monopolio delle sigarette ☐
6. Le sigarette per l'esportazione forse sono migliori di quelle destinate al mercato interno ☐

ATTIVITÀ 2

Nella griglia che segue si danno delle parole. Nella tabella B trovate i sinonimi e nella tabella C scrivete i loro contrari

A	B	C
Assuefazione	*consuetudine*	*dissuetudine, disuso*
Tutela		
Esportazione		
Selezionare		
Distribuzione		

ATTIVITÀ 3

Vedete se le affermazioni seguenti sono vere o false

13

	vero	falso
1. La lobby americana è meno potente di quella italiana		
2. In futuro lo Stato italiano non avrà il monopolio delle sigarette		
3. Le sigarette sono un affare di miliardi		
4. La questione fumo è anche un problema di sanità		
5. Lo Stato italiano fa il doppio gioco: da una parte pensa alla salute del cittadino e dall'altra ha il monopolio delle sigarette		

ATTIVITÀ 4

Riassumete oralmente i punti di vista del primo e del secondo intervistato. Voi con chi siete d'accordo e perché?

SECONDA SEQUENZA (1'26")

ATTIVITÀ 5

Rispondete per iscritto o oralmente alle seguenti domande

1) Il ragazzo cosa ha fatto quando ha finito la sua prima sigaretta?

2) Perché secondo l'intervistato un ragazzo di quindici anni comincia a fumare?

3) "Acchiappare" significa prendere. Riflettendo sul contesto dell'intervista, secondo voi cosa può significare metaforicamente?

4) Descrivete il ragazzo intervistato e l'ambiente in cui si trova e fate delle supposizioni sul suo carattere e sull'ambiente in cui lavora.

5) Quale ritratto si dà della persona che decide di smettere di fumare?

ATTIVITÀ 6

Rispondete alle seguenti domande:

1) Il fumo è una
   - ☐ via di fuga
   - ☐ via di scampo
   - ☐ via di salvezza

2) Per il fumatore smettere di fumare è
   - ☐ una conquista
   - ☐ un fallimento
   - ☐ una terapia

3) Il fumatore la mattina si sveglia con
   - ☐ la voglia di fumare
   - ☐ un'oppressione al petto
   - ☐ un forte mal di testa

ATTIVITÀ 7

Leggete l'articolo che segue e, in base ai consigli dati, scrivete una lettera ad un amico pregandolo di smettere di fumare

Fase 1: ridurre il fumo
- Imponiti di non fumare a digiuno.
- Rimanda di almeno cinque minuti ogni giorno la prima sigaretta.
- Cerca di dare solo due o tre boccate, poi spegni la sigaretta; oppure taglia a metà tutte le sigarette del pacchetto.
- Cerca di saltare una sigaretta ogni due.
- Stabilisci un numero preciso di sigarette e imponiti di non superarlo.
- Non voler passare da 40 a tre sigarette in un giorno: poniti obiettivi graduali.
- Tieni sulla scrivania un pacchetto chiuso, e quello aperto più lontano.
- Imponiti di non fumare in determinati luoghi, come la camera da letto, l'auto o il bagno. E alla fine fuma solo all'aperto.

Fase 2: buttare via il pacchetto
- Vuoi smettere? Allora elimina dal tuo raggio d'azione portacenere e accendini.
- Quando hai voglia di fumare bevi dell'acqua o sgranocchia una carota.
- Oppure fatti un massaggio sul palmo della mano, con le dita o con una spazzola, in senso antiorario.
- Riduci o elimina tutti gli alimenti che possono eccitare la tua voglia di una sigaretta: soprattutto tè, caffè e alcolici.
- Vai in palestra per tre giorni a settimana oppure passeggia tutti i giorni mezz'ora: il movimento fisico aiuta a scaricare le tensioni.
- Valuta quante sigarette non hai fumato e una o due volte al mese, con i soldi che hai risparmiato, concediti un regalo.

Fase 3: per non ricominciare
- Non accettare sigarette pensando che tanto ne fumerai una e basta.
- Evita quanto più possibile la compagnia dei fumatori e i locali in cui non è vietato fumare.
- Quando vorresti accendere, pensa al momento peggiore attraversato mentre cercavi di smettere, a quanto hai faticato.
- Oppure pensa a che cosa è migliorato nella tua vita da quando hai smesso.
- Se senti che stai per cedere, rimanda almeno di un quarto d'ora l'accensione: sarà più facile superare la fase nera.
- Sostituisci le sigarette con: verdure crude, bicchieri d'acqua, caramelle (poche), liquirizia, chewing gum.

ATTIVITÀ 8

Ed ora tocca a voi...
Scrivete un articolo giornalistico in base al filmato che avete visto. Mettete anche il titolo e l'occhiello. (L'occhiello, in termini giornalistici, è la frase posta sopra il titolo in caratteri più piccoli)

Attività 9

...E nel vostro Paese cosa si fa per cercare di diminuire il numero dei fumatori? Lo Stato cosa fa per proteggere la salute dei suoi cittadini? Sapete che secondo una statistica le donne sono quelle che fumano di più? Secondo voi, perché?

VOCABOLARIO

Individuo: persona
Trascurabile: poco importante
Tagliare: separare, dividere
Lobby: gruppo influente
Trasformazione: cambiamento

Regime: governo, sistema
Danneggiamento: danno
Contestare: protestare
Oppressione: tirannia, costrizione

ESPRESSIONI

Acchiappare: fare conquiste

4. IL COMMERCIO ELETTRONICO (3'25")

È un filmato che tratta di una delle possibilità che offre Internet: il commercio.

PRIMA SEQUENZA (2'04")

ATTIVITÀ 1
Mettete una X all'affermazione esatta

a) La camiceria Cristel lavora solo tramite Internet ☐
b) Avere un'attività commerciale in Internet significa risparmiare ☐
c) La ditta Cristel ha aumentato le sue vendite del 40% ☐
d) Il cliente ordina la sua camicia dopo aver visto il catalogo ☐
e) Il sito della camiceria è stato creato da una coppia di giovani ☐

ATTIVITÀ 2
Rispondete alle seguenti domande:

a) Cosa significa la frase "il commercio elettronico a misura d'uomo"?
   ....
   ....

b) La camiceria cosa offre al cliente rispetto ad altri negozi on line?
   ....
   ....

c) Come ha operato la società che ha creato il sito alla camiceria Cristel?
   ....
   ....
   ....

SECONDA SEQUENZA (1'22")

ATTIVITÀ 3
Mettete in ordine le fasi di creazione di una camicia

a) preparazione asole ☐
b) stampa del tutto con carta adesiva ☐
c) preparazione del disegno su pezzi di stoffa ☐
d) trasmissione misure nel sito ☐
e) scelta del modello ☐
f) sovrapposizione carta adesiva sulla stoffa ☐
g) taglio dei pezzi di stoffa ☐
h) aggiunta dei bottoni ☐
i) spedizione prodotto ☐

ATTIVITÀ 4

Scrivete almeno due motivi per cui conviene aprire un negozio on line e due motivi per cui conviene comprare in rete

1. VENDERE
    a) ....
    b) ....

2. ACQUISTARE
    a) ....
    b) ....

FILMATO PER INTERO

ATTIVITÀ 5

Dopo aver rivisto il filmato per intero, verificate le attività precedenti

ATTIVITÀ 6

E ora tocca a voi...
Scrivete la prima pagina (home page) di un vostro sito commerciale (scegliete voi il prodotto). Ricordatevi di essere brevi e decisivi

VOCABOLARIO

Operare: fare, effettuare ma anche sottoporre a intervento chirurgico
Disposizione: attitudine ma anche collocazione, ordine
Incrementare: aumentare
Accedere: entrare
Commessa: venditrice, ma in termini tecnici significa ordinazione
Censire: rilevare, raccogliere
Immettere: inserire
Adesivo: collante
Sovrapporre: mettere sopra
Asola: piccolo anello di filo applicato al bordo di un indumento per infilarvi bottoni o ganci
Cifra: numero ma significa anche iniziale, per esempio, del proprio nome su una camicia
Diversificazione: differenziare, distribuire diversamente

ESPRESSIONI

Abbigliamento su misura: abbigliamento creato apposta per una persona
Avere un sacco di...: avere tanto di qualcosa
Avere ritorni: avere delle entrate, dei profitti dopo un investimento
Essere in testa: essere i primi di una lista

Video Italiano 3

5. INTERVALLO PUBBLICITARIO (56")

PRIMA PUBBLICITÀ (29")

PRIMA VISIONE

Attività 1
Guardate la pubblicità e riempite gli spazi seguenti

Alcune persone vorrebbero un mondo .... una sola cultura, un solo .... della pelle, una sola religione. Credono che sarebbe un mondo .... Ma si ....!

SECONDA VISIONE

Attività 2
La pubblicità che avete appena visto è una pubblicità sociale. Potreste dare per iscritto una definizione di questo tipo particolare di pubblicità?

....
....
....

Attività 3
Rispondete, oralmente o per iscritto, alle seguenti domande

1) Perché, secondo voi, la pubblicità pensa che le persone che vorrebbero tutto il mondo uguale si sbagliano?
2) Voi vorreste un mondo di "tutti uguali"?
3) La pubblicità sociale, può contribuire a qualcosa? Può aiutare, cioè, a risolvere o a sensibilizzare le persone su determinati problemi?

Attività 4
Immaginate una pubblicità sociale facendovi aiutare dalla seguente foto

Video Italiano 3

SECONDA PUBBLICITÀ (28")

PRIMA VISIONE

ATTIVITÀ 1

A che cosa servono? *Guardate le foto tratte dal filmato e dite a parole vostre a cosa servono*

21

Video Italiano 3

ATTIVITÀ 2

La pubblicità che avete appena visto usa un linguaggio militaresco per indicare il dinamismo del giocatore dovuto al suo orologio. Scrivete le parole presenti nel filmato, che hanno un senso anche militare

....
....
....
....
....
....
....
....

SECONDA VISIONE

ATTIVITÀ 3

Dopo aver rivisto la pubblicità verificate le vostre risposte alle attività 1 e 2

ATTIVITÀ 4

Individuate tre errori grammaticali presenti nelle seguenti frasi della pubblicità

L'orologio digitale gli aiuta ad arrivare puntuale sulla porta. Ad anticipare l'avversario e a ritardare la rimmessa in gioco. Topologio da mercoledì in edicola.

VOCABOLARIO	ESPRESSIONI
Topologio: neologismo formato dalla parola topo (il personaggio di Topolino) e orologio **Anticipare:** fare prima del tempo stabilito **Bussola:** strumento che indica sempre il nord e serve ad orientarsi **Torcia:** pila elettrica	**Rimessa in gioco:** italiano sportivo. Quando si riprende il gioco dopo un fallo, un goal, ecc. **Avere qualcuno o qualcosa sotto tiro:** mirare con una vera arma o solo metaforicamente qualcuno o qualcosa

6. ROMA: PIAZZA NAVONA (1'44")

È un filmato tratto da una trasmissione che si occupa
delle bellezze italiane, naturali e non...

PRIMA VISIONE

ATTIVITÀ 1
Quali di queste immagini avete visto realmente nel filmato?

1.  ☐   2. ☐

3.  ☐   4. ☐

ATTIVITÀ 2
Rispondete alle seguenti domande

	vero	falso
a)		
b)		
c)		
d)		

a) Il colore di molti palazzi restaurati di Roma è di un colore del Cinquecento
b) La Chiesa di Santa Agnese è stata restaurata solo in parte
c) Il colore della Chiesa di Santa Agnese è quello suo originario
d) Piazza San Pietro è stata dipinta di un colore molto chiaro

ATTIVITÀ 3
Cosa dice sulla fontana del Bernini il conduttore della trasmissione?

Video Italiano 3

SECONDA VISIONE

ATTIVITÀ 4
Rispondete alle seguenti domande

a) Il Palazzo dell'ambasciata brasiliana
- ❏ è in corso di restauro
- ❏ è andato distrutto
- ❏ è stato restaurato tutto
- ❏ non è stato restaurato per niente

b) Il colore del Palazzo è
- ❏ di epoca trecentesca
- ❏ di epoca cinquecentesca
- ❏ di epoca seicentesca
- ❏ di epoca ottocentesca

c) Il colore originario del Palazzo l'hanno trovato da
- ❏ un affresco del Bernini
- ❏ un dipinto del Bernini
- ❏ una scultura del Bernini
- ❏ una casa del Bernini

ATTIVITÀ 5
Due parole sul Bernini e sulla fontana di Piazza Navona

1. GianLorenzo Bernini nasce a Napoli il 17 dicembre 1598 e muore a Roma il 28 novembre 1660.
   Bernini è il padre della lievitazione marmorea. Un artista completo. Complesso. Le sue sculture, morbide e nervose, sono leggere. Mai appesantite dalla materia che le compone. Tutte tendono verso l'alto, qualsiasi sia la loro posa. In loro c'è una spinta interna. La muscolatura dei soggetti ha questo compito. Di forza. Di agilità. Di longilinea

armonia. Di vibrazione celeste.

2. È Innocenzo X a volere che i frammenti di un obelisco antico abbandonati per terra vicino ad una tomba, siano recuperati per costituire il centro di una monumentale fontana. La fontana, chiamata *Fontana dei Quattro Fiumi*, chiusa su quattro angoli è una raffigurazione allegorica di quattro fiumi (Danubio, Nilo, Gange, Rio de la Plata) che alludono alle varie parti del mondo. Bernini lavorò la roccia, la palma, il leone e il cavallo. I suoi collaboratori lavorarono i fiumi.

Ed ora a voi: *dopo aver letto i due testi fate un riassunto*

VOCABOLARIO

Facciata: l'esterno di un edificio
Scolpire: lavorare a rilievo, incidere un materiale duro con uno scappello
Schiarire: rischiarare, illuminare
Ridursi: conciarsi, ritrovarsi in un certo stato, in un certo modo

Video Italiano 3

7. IL SUD TIROLO (3'26'')

È una trasmissione che parla di una zona italiana
in cui c'è una minoranza etnica...

PRIMA VISIONE

ATTIVITÀ 1

Dopo aver guardato il filmato guardate le foto e scrivete sotto l'argomento trattato

....

ATTIVITÀ 2

Mettete una X alla risposta esatta

a) È una zona dove si trovano turisti
- ☐ italiani, tedeschi, francesi e austriaci
- ☐ italiani, tedeschi, austriaci e svizzeri
- ☐ italiani, tedeschi, austriaci e svedesi

b) L'antica tradizione sta
- ☐ nel mangiare i crauti
- ☐ nel fare i merletti
- ☐ nel ballare il valzer

c) Dice la leggenda che un tempo, nella valle era facile incontrare ....
....

ATTIVITÀ 3

Completate il grafico con le percentuali esatte di turisti austriaci, italiani, svizzeri e tedeschi

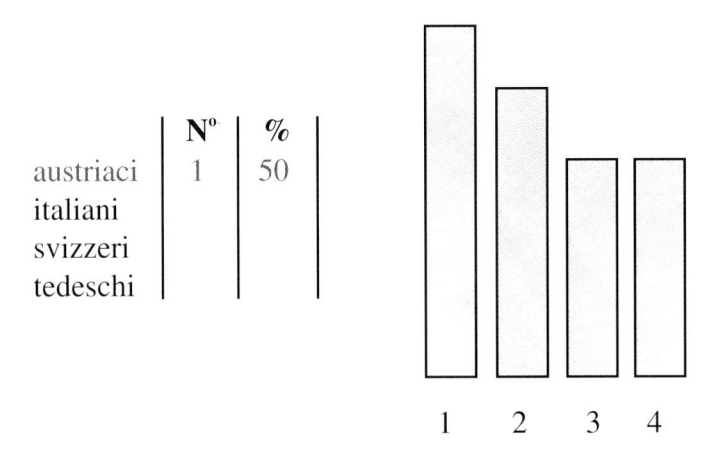

	N°	%
austriaci	1	50
italiani		
svizzeri		
tedeschi		

SECONDA VISIONE

ATTIVITÀ 4

Rispondete alle seguenti domande

	vero	falso

a) La seconda lingua ufficiale nel Sud Tirolo è l'austriaco
b) La Rai di Bolzano mette in onda solo telegiornali tedeschi
c) A Bolzano c'è un giornale in lingua tedesca: *Dolomiten*
d) Il giornale *Dolomiten* è letto dalla metà dei cittadini
e) *Dolomiten* combatte per avere il Grande Tirolo

ATTIVITÀ 5

Nella frase che segue ci sono 4 errori. Trovateli

"Le regioni che anno gli stessi interressi devono collaborare per potere andare avanti nei confronti di Bruxelles, otenere i diritti ma anche gli interessi che sono importante".

1. .... 2. .... 3. .... 4. ....

Attività 6

Nel vostro Paese vi sono minoranze etniche? Com'è la convivenza con loro? Quali sono gli aspetti positivi e negativi di una società multietnica? Parlatene in classe

VOCABOLARIO

Disagio: mancanza di agio, scomodità, fastidio
Tramandare: trasmettere
Adatto: adeguato, conveniente
Suggestione: suggerimento. In senso figurato anche fascino
Leggenda: racconto fantastico
Sdoppiarsi: dividersi in due
Ente: istituzione provvista di personalità giuridica (diversa cioè dalla persona fisica)
Appartenenza: proprietà ma anche competenza
Malghe: pascolo alpino

8. AFFARI DI CUORE (4'43")

Si tratta di sequenze tratte da una trasmissione per giovani in cui si parla dei problemi di coppia, ma... in modo particolare.

PRIMA SEQUENZA (1'43")

Attività 1
Rispondete alle seguenti domande:

a) Cosa studia Domenico?
b) Che lavoro fa Paola?
c) Da quanto tempo erano amici?
d) Chi dei due si è innamorato prima?
e) Da quanto tempo si sono messi insieme?
f) Perché Domenico non si sente soddisfatto della sua relazione?

Attività 2
Trovate i sinonimi delle seguenti parole:

- studente:
- capitare:
- aspettativa:
- covare:
- accorgersi:

Attività 3
Abbinate le frasi ai personaggi che le hanno dette

a) *tu fai la commessa in un negozio*
b) *sicuramente da parte mia il sentimento era partito dall'inizio*
c) *quindi non credi nell'amicizia fra uomo e donna*
d) *e dopo un mese Domenico ci chiama*
e) *a me piace fare molti viaggi*

1 ....   2 ....   3 ....

SECONDA SEQUENZA (2'57")

ATTIVITÀ 4
Mettete una X sull'affermazione esatta

a) Domenico è stato deluso da Paola ☐
b) Domenico l'ha mitizzata ☐
c) Domenico era insicuro di sé ☐
d) Domenico ha un concetto particolare sulla relazione di coppia ☐
e) Domenico ha parlato sempre bene a Paola delle sue ex ragazze ☐

ATTIVITÀ 5
Rispondete per iscritto e poi oralmente alle seguenti domande:

a) Cos'è che non piace a Paola della sua relazione con Domenico?
....
....

b) Cosa risponde Domenico alle accuse di Paola?
....
....

c) A che conclusione arriva la presentatrice?
....
....

FILMATO PER INTERO

ATTIVITÀ 6
Verificate le attività precedenti

ATTIVITÀ 7
Drammatizzazione: Dividetevi in due gruppi e immaginate cosa si dicono Domenico e Paola dopo aver finito la trasmissione tornando a casa (di che cosa discuteranno, in che modo, e cosa succederà nella loro relazione?). Dopo aver creato una scenetta drammatizzatela in classe. Vince il gruppo più originale. La decisione sul vincitore spetta al vostro insegnante. Auguri!

Attività 8

...E qual è il vostro concetto di coppia? Siete d'accordo sulla libertà assoluta della coppia? Come affrontereste ...le corna? Sareste pronti al perdono? Date un'occhiata all'indagine accanto e commentate discutendone in classe

TUTTI I NUMERI DEL TRADIMENTO

1. Gli uomini tradiscono più delle donne: in Italia il 67% dei mariti ammette di aver avuto un'amante e di considerare la cosa naturale. Tra le donne sposate, il 53% sostiene di aver commesso almeno un'infedeltà.
2. Il 46,7% degli uomini sposati pensa che l'infedeltà non comporti la fine del matrimonio e si dice disposto a perdonare. Ma anche a essere perdonato.
3. Negli uomini, la sindrome da tradimento scatta soprattutto dopo i 50 anni (37%); nelle donne, l'età a rischio è tra i 44 e 53 (19%).
4. Il livello d'istruzione condiziona l'integrità sessuale del matrimonio. A tradire di più sono i laureati (23%) e i semianalfabeti (20%); chi non ha niente da perdere, o chi pensa di non poter perdere niente.
5. La puritana America condanna, più della libertina Europa, i comportamenti fedifraghi: secondo il sondaggio del settimanale *Newsweek*, il 70% dei mariti ritiene l'infedeltà dannosa al matrimonio, solo il 22% pensa che possa invece renderlo più saldo. La metà di loro la considera immorale, il 25% causa di separazione, il 17% pericolosa per l'Aids. Il 51% è convinto che le relazioni extraconiugali siano in aumento rispetto a 10 anni fa.
6. Dove tradire in tutta tranquillità? In barca, secondo il 18% dei mariti infedeli.
7. Le corna sono la causa del 14% delle separazioni nelle coppie giovani, tra i 23 e i 28 anni. La percentuale s'impenna al 70% nelle coppie mature, tra i 40 e i 50 anni.
8. In Italia il 5% dei figli non sono del legittimo consorte ma di un altro uomo.
9. Il 32,4% delle coppie tra i 25 e i 64 anni ammette che la vita in comune provoca una caduta del desiderio.
10. Per il 42,2% il matrimonio è un contratto che fa finire l'amore.

VOCABOLARIO

Rivelarsi: scoprirsi
Covare: nutrire (sentimento)
Confidente: amico intimo
Accorgersi: intuire, capire
Vitalità: energia, esuberanza
Fissazione: idea fissa, mania per qualcosa o per qualcuno
Sciogliersi: liberarsi
Concepire: comprendere, ma anche creare

ESPRESSIONI

Fare un passo indietro: rinunciare a qualcosa
Guardare dentro se stessi: autoanalizzarsi
Rendersi conto di...: capire

9. ALESSANDRO MANZONI E IL SUO ITALIANO (3'30")

Si tratta di una sequenza di una trasmissione che si occupa di linguistica...

PRIMA SEQUENZA (1'51")

ATTIVITÀ 1

Rispondete alle seguenti domande:

a. Che tipo di romanzo bisogna fare perché abbia un pubblico?

b. Manzoni cosa confidò al suo amico?

ATTIVITÀ 2

"Questo matrimonio non sa da fare né ora né mai": riscrivete questa frase famosa del romanzo nella lingua italiana di oggi

ATTIVITÀ 3

Rispondete alle seguenti domande:

a. Quale dialetto - lingua scelse Manzoni per il suo romanzo?

b. Qual è la prima domanda della strada?

c. Qual è la seconda domanda dalla strada?

SECONDA SEQUENZA (1'39")

ATTIVITÀ 4
Rispondete alle seguenti domande:

a. Il professor Serianni è d'accordo
- ☐ con la lettura solo dei *Promessi sposi*
- ☐ con la lettura analitica di un testo
- ☐ con la lettura solo di romanzi italiani

b. Secondo il prof. Serianni la lettura dei *Promessi sposi* rispetto ad un altro testo dell'epoca cosa evita agli studenti?
....
....

c. Secondo l'architetto Rossi chi o cosa evolve una lingua?
....
....

d. A che tipi di linguaggi accenna l'architetto Rossi?
....
....

FILMATO PER INTERO

ATTIVITÀ 5
Verificate le attività precedenti

Due parole su I Promessi sposi
È detto romanzo storico, prima di tutto in quanto ricostruiva intorno alle vicissitudini dei due protagonisti (Renzo e Lucia) la situazione della Lombardia intorno al 1630 negli anni della dominazione spagnola. In secondo luogo perché per le sue caratteristiche si allacciava al romanzo storico che si diffondeva in quell'epoca. I *Promessi sposi* è la narrazione di una vicenda privata sullo sfondo delle vicende di un paese e di un popolo. Lorenzo e Lucia si amano. Appartengono tutti e due al popolo. Vogliono sposarsi. Decidono per le nozze e parlano al loro parroco, Don Abbondio, un personaggio debole senza coraggio di affrontare il potente. Un signorotto spagnolo presuntuoso, però, vuole Lucia e manda i bravi da Don Abbondio che lo minacciano e che dicono la frase famosa "questo matrimonio non sa da fare..."

Cominciano così le vicissitudini dei due giovani che non possono far niente contro la potenza... almeno credono di non potere...
Elemento importante del romanzo è la Provvidenza che è l'aiuto morale del popolo, la speranza che qualcuno lassù veda e faccia qualcosa in modo che le cose si aggiustino...

...Vi ha interessato la trama? Chiedete al vostro insegnante di leggere insieme a voi questo pilastro della letteratura italiana

ATTIVITÀ 6

In coppia: *A e B sono in libreria. A vuole comprare un libro ma non sa quale, B gli consiglia I Promessi sposi e gli dice, fra gli altri motivi, la trama in modo da convincerlo a comprare il libro.*

VOCABOLARIO

Le fedi: anelli di matrimonio
Disagio: fastidio, scomodità
Imbevuto: impregnato, inzuppato, pieno di
Affatto: per niente
Mediazione: arbitrato, intercessione

Evolvere: sviluppare
Familiarizzare: fare confidenza con
Attribuito: assegnato, accordato
Fonte: sorgente anche in senso figurato

ESPRESSIONI

La messa a registro: secondo norme
Ci mancherebbe altro!: figurati!

10. IL VESUVIO: UN RICORDO ANCORA VIVO (4'34")

Si tratta di un documentario con interviste e documenti d'epoca che trattano il dramma dell'eruzione del vulcano e la sua perenne pericolosità.

PRIMA SEQUENZA (2'11")

ATTIVITÀ 1

Dopo aver visto la sequenza, scrivete accanto alle foto qui di seguito i commenti fuori campo

ATTIVITÀ 2

Rispondete alle seguenti domande:

1) Nel 1944 ci fu la più grande eruzione della storia del Vesuvio
2) Il Colle Umberto si è formato nell'eruzione del 1869
3) Le prime città a essere colpite furono San Sebastiano e Napoli
4) Uno degli intervistati era andato a comprare il latte quando eruttò il Vesuvio
5) L'intervistato ricorda perfettamente la gente che scappava gridando

vero	falso

SECONDA SEQUENZA (2'21")

Attività 3

Aiutandovi con le espressioni qui di seguito, scrivete un articolo di ciò che avete sentito dalla voce fuori campo e dal sindaco di San Sebastiano

*vivere sotto il Vesuvio, voglia di andar via,
a proprie spese, tre giorni, smontare gli infissi*

Attività 4

Riempite gli spazi con le parole esatte

Mia madre ha avuto seri problemi per mettermi al .... perché aveva paura del terremoto. Sono rimasta qui con i miei .... Mio nonno era di .... ed io continuo a difendere il Vesuvio... farà come ha fatto nel '44 quando sono nata io: ci darà tempo di fare ....

Attività 5

Role play: A vuole comprare una casa a San Sebastiano al Vesuvio. B glielo sconsiglia perché il Vesuvio è un vulcano ancora attivo e c'è pericolo che erutti all'improvviso. A sembra non pensarci e B lo deve convincere

VOCABOLARIO

Urlare: gridare
Trabocco: inghiottimento
Orlo: margine, bordo
Cupola: volta a base circolare
Scorie: (nel filmato) materiale vulcanico formato da frammenti bollosi di lava
solidificato: pietrificato
Spiacciarsi: accasciarsi, schiacciarsi

Lastricato: strada coperta da lastre di pietra
Devastare: distruggere
Smontare: scomporre
Infisso: elemento di chiusura di vani (stanze) collegato alla struttura muraria
Trave: elemento in acciaio usato per le costruzioni con funzioni di sostegno

11. SOGNI NEL CASSETTO (2')

Si tratta di un talk show sui problemi giovanili...

PRIMA VISIONE

ATTIVITÀ 1

Rispondete alle seguenti domande:

a) Che lavoro fa Roberto?
....

b) Potete descrivere questo tipo di lavoro a parole vostre?
....

c) Che studi ha fatto?
....

d) Dove lavora?
....

e) Con quali soldi ha investito nella sua attività?
....

SECONDA VISIONE

ATTIVITÀ 2

Accanto alle frasi dette dall'intervistato, provate a metterne altre che abbiano lo stesso significato

Es. **"Sì, l'animatore in prima persona"** → sì, io stesso faccio l'animatore

a) "a gestire me e altre persone" → ....

b) "studi abbastanza duri" → ....

c) "nella vita le cose cambiano" → ....

ATTIVITÀ 3

Dividetevi in gruppi e scrivete: il gruppo A un riassunto brevissimo del filmato, il gruppo B un riassunto con dei dettagli, il gruppo C un riassunto con il massimo dei dettagli. Confrontate i vostri scritti in classe e discutete sui criteri seguiti nell'eliminazione delle informazioni

Attività 4

Parliamo... e voi avete un sogno nel cassetto? Qual è? Discutetene in classe

VOCABOLARIO

Testimonianza: dichiarazione, dimostrazione
Accettare: ricevere, accogliere
Gestire: condurre, dirigere
Investimento: impiego, collocamento (di denaro)
Liquidi: soldi in contanti
Concludere: finire

ESPRESSIONI

Lanciarsi in qualcosa: provare a fare qualcosa

12. LEONARDO DA VINCI (2'06")

Si tratta di una sequenza di un documentario sul grande artista italiano.

PRIMA VISIONE

Attività 1

Rispondete alle seguenti domande:

a. Dove si trova la presunta casa di Leonardo?
- ❏ Vicino al Mulino del Ceto
- ❏ Vicino al Mulino della Pioggia
- ❏ Vicino al Mulino della Doccia
- ❏ Vicino al Mulino della valle Vinci

b. Cosa vuol ripercorrere Leonardo cinquantenne?
- ❏ I sentieri della valle
- ❏ I sentieri della sua infanzia
- ❏ I sentieri del torrente
- ❏ I sentieri della sua gioventù

c. La sua meditazione a cosa gli servì?
- ❏ Allo studio ottico del paesaggio
- ❏ Allo studio ottico del corpo umano
- ❏ Allo studio ottico della macchina
- ❏ Allo studio ottico del Mulino

Attività 2

Così disse Leonardo:
"E così fan l'occhi infra le cose distanti che per essere alluminate dal sole paiono vicine all'occhio e molte cose parranno distanti".

Come scrivereste questa frase nella lingua italiana di oggi?
(se avete difficoltà, fatevi aiutare dal vostro insegnante)

SECONDA VISIONE

ATTIVITÀ 3
Descrivete per iscritto il quadro di Leonardo il più dettagliatamente possibile

ATTIVITÀ 4
Che impressione vi hanno fatto le immagini che avete appena visto? (il luogo, il personaggio, ecc..)
Scrivetele prima e poi discutetene in classe

Due parole sull'artista Leonardo
Leonardo era pittore, scultore, ingegnere, architetto, scrittore, scienziato, musico e inventore. Possedeva un sapere enciclopedico. Amava la natura e la pittura era un ulteriore campo per indagare sui fenomeni naturali, sulla legge del moto. Abbiamo pochi dipinti a nostra disposizione, ma in compenso abbiamo tantissimi suoi disegni e appunti. Una curiosità: i suoi appunti li scriveva da sinistra verso destra, senza difficoltà. Per leggerli dobbiamo farli riflettere allo specchio!

VOCABOLARIO

Artificiale: non naturale
Debite: proprie
Percezione: sensazione
Evocativo: che ricorda

13. LA FIGURA DELL'ARTIGIANO OGGI (1'25")

È un'intervista fatta ad uno degli ultimi tornitori d'Italia...

PRIMA VISIONE

ATTIVITÀ 1
Mettete una X all'affermazione esatta:

a. Il tornitore è un "figlio d'arte" ☐
b. Questo mestiere lo fa da tredici anni ☐
c. All'artigiano piace creare soprattutto oggetti piccoli ☐
d. In quel momento sta costruendo un comodino ☐
e. L'artigiano lavora su una lampada ☐

ATTIVITÀ 2
Rispondete alle seguenti domande:

a. Qual è l'opinione dell'artigiano sul futuro dell'artigianato?
....
....

b. Cosa significa l'espressione "la vedo nera"?
....
....

c. Cosa significa l'espressione "casa e bottega, bottega e casa"?
....
....

SECONDA VISIONE

ATTIVITÀ 3
Conoscete dei mestieri artigianali?
Scriveteli nell'apposito cilindro

Video Italiano 3

ATTIVITÀ 4

Provate a fare una descrizione della bottega dell'artigiano guardando la seguente foto

....
....
....
....

ATTIVITÀ 5

Parliamo un po'
E nel vostro Paese come va l'artigianato?
Ci sono giovani che vogliono diventare artigiani?
Qual è la causa principale della crisi dell'artigianato?
Qual è il prodotto artigianale che "va" di più?

VOCABOLARIO

Tornitore: colui che lavora al tornio che è una macchina per la lavorazione del legno, dell'argilla e del metallo
Rifinire: dare compiutezza ad un'opera
Sparire: scomparire, dileguarsi

14. INTERVALLO PUBBLICITARIO (45")

PRIMA PUBBLICITÀ (20")

PRIMA VISIONE

Attività 1
Quali parole avete realmente sentito?

☐ italiano   ☐ confezione   ☐ acqua   ☐ vino

☐ castelluccio   ☐ castellino   ☐ magia   ☐ regia

☐ foglia   ☐ oliva   ☐ ragazza   ☐ mambo

☐ leggera   ☐ ora   ☐ terreno   ☐ ballo

Attività 2
Provate a riscrivere la pubblicità in base alle parole trovate nell'attività 1

SECONDA VISIONE

Attività 3
Verificate le attività precedenti

Attività 4
1. Perché secondo voi l'inventore di questa pubblicità ha scelto la canzone "Mambo italiano"?

Video Italiano 3

....

....

....

2. Guardando le immagini, quale elemento/i vi dà l'idea dell'Italia?

....

....

....

Attività 5

Provate a fare una pubblicità su un vostro prodotto tipico nazionale descrivendo:

- luogo in cui avviene la pubblicità
- i personaggi
- tipo di musica o sua assenza
- lo slogan
- cosa viene detto fuori campo
- cosa viene scritto

…*auguri!*

SECONDA PUBBLICITÀ (25")

PRIMA VISIONE

SENZA SONORO (19")

ATTIVITÀ 6

Guardando le sole immagini potete immaginare di che pubblicità si tratti? Discutetene in classe

CON SONORO (25")

ATTIVITÀ 7

Guardate la pubblicità per intero. Erano esatte le vostre supposizioni? Discutetene in classe

SECONDA VISIONE

ATTIVITÀ 8

In base alle immagini create un altro slogan per la donazione degli organi

ATTIVITÀ 9

Parliamo un po'
Secondo voi è giusto donare gli organi?
Cosa pensate di quelle persone che non vogliono donare gli organi in caso di morte propria o di un loro famigliare?
Cosa pensate della pubblicità appena vista? Raggiunge il suo scopo, cioè quello di sensibilizzare la gente?
E nel Vostro Paese cosa si fa a riguardo?

15. PRESENTAZIONE DI UN ROMANZO (3'07")

Si tratta di una sequenza di una presentazione di *Malombra*, famoso romanzo dello scrittore italiano Fogazzaro, recitata anche in teatro.

PRIMA VISIONE

ATTIVITÀ 1

Rispondete alle seguenti domande:

	vero	falso
a		
b		
c		
d		
e		
f		
g		

a. Lo scrittore si chiama Marco Fogazzaro
b. I *Malavoglia* è stato il suo primo romanzo
c. Fogazzaro è nato a Vicenza
d. Fogazzaro appartiene alla borghesia
e. Suo padre voleva che lui studiasse Giurisprudenza
f. La sua prima raccolta di poesie s'intitola *Miranda*
g. Nel 1872 partecipa ad una conferenza

ATTIVITÀ 2

Completate le seguenti frasi

a. *Malombra* è un romanzo che si .... dall'orizzonte veristico.
b. Le suggestioni persino dello spiritismo, della comunicazione con ....
c. Tutto questo ci collega all'immagine di un personaggio ....

SECONDA VISIONE

ATTIVITÀ 3

Verificate le attività precedenti

ATTIVITÀ 4

Rispondete alle seguenti domande:

a. Il padre di Fogazzaro quando decise che il figlio doveva seguire la carriera letteraria?

b. Quali sono le caratteristiche di *Malombra*?

c. Come s'intitola l'altro grande romanzo di Fogazzaro?

Attività 5

Fate un ritratto di Fogazzaro scrittore e del suo romanzo Malombra sottoforma di articolo giornalistico

VOCABOLARIO

Post-unitario: dopo l'unità d'Italia
Dominante: regnante, principale
Agiato: benestante ma anche comodo
Concedere: concedere, elargire
Fascinazioni: seduzioni
Problematico: incerto, difficile

ESPRESSIONI

Corrente Verista: corrente letteraria e artistica che crede nella realtà oggettiva ed è ispirata al naturalismo francese a corrente artistica e letteraria ma anche stile di vita improntato al rifiuto delle convenzioni sociali (i bohemiens)

Video Italiano 3 .... EDILINGUA

16. UOMO - DONNA: GLI STEREOTIPI (4'02")

Si tratta di una sequenza di un talk show il cui pubblico è composto da studenti.

PRIMA SEQUENZA (2'06")

ATTIVITÀ 1
Rispondete alle seguenti domande

	vero	falso
a) Gli studenti, per le loro ricerche, hanno preso spunto dai libri di scuola media		
b) I bambini che leggono quei testi fanno dei paragoni con la loro realtà		
c) L'immagine che si dà della donna è quella della casalinga		
d) La donna in questi testi funge da capofamiglia		
e) Nel 1991 è stata varata una legge per cui questi testi sono illegali		

ATTIVITÀ 2
Rispondete per iscritto alle seguenti domande aperte

a) Perché quei testi possono provocare disturbi psicologici ai bambini?
....
....

b) Che cosa può pensare il bambino della sua mamma?
....
....

c) La società dell'Ottocento com'era nei confronti della donna?
....
....

ATTIVITÀ 3
Trovate i contrari, se ci sono, delle seguenti parole:

tornare: ....
sottofondo: ....

realtà: ....
sembrare: ....
chiuso: ....

SECONDA SEQUENZA (2'15")

ATTIVITÀ 4

Che cosa significa?
Sapete cosa significano le frasi seguenti presenti nel filmato?

a) *Chiuso come uno scrigno col lucchetto*
   - ❏ Chiuso in un carcere
   - ❏ Chiuso in una cassetta
   - ❏ Chiuso in un cassetto

b) *Parliamo in ambito internazionale*
   - ❏ Parliamo soprattutto all'estero
   - ❏ Parliamo anche per l'estero
   - ❏ Parlano solo all'estero

c) *La donna nelle favole è subalterna all'uomo*
   - ❏ La donna è al disotto dell'uomo
   - ❏ La donna ha un ruolo principale
   - ❏ La donna e l'uomo sono uguali

ATTIVITÀ 5

Mettete una X alle affermazioni esatte

a) Le favole creano degli stereotipi ❏
b) Gli studenti hanno realizzato un filmato ❏
c) Cenerentola deve servire gli uomini e le donne della famiglia ❏
d) Biancaneve è un personaggio sottomesso all'uomo ❏

FILMATO PER INTERO

ATTIVITÀ 6

Leggete attentamente gli appunti di uno studente dove vi sono cinque errori. Correggeteli

Noi abbiano fatto una ricerca sui stereotipi sessisti dei libri di testo. Le donne sono sempre casalinge… le letture lette in questo filmato sono presse da un libro di una scuola sperimentale…nell'ottocento la cultura era chiusa in uno scrinio col lucchetto.

Attività 7

Parliamo un po'

…e nel vostro paese come sono i testi scolastici? Creano questi tipi di stereotipi? Siete d'accordo che anche le favole contribuiscono a creare degli stereotipi? Nella società odierna vi sono ancora questi tipi di stereotipi? La donna ha realmente conquistato una posizione di rilievo nella società?

VOCABOLARIO

Sessista: colui che è favorevole alla discriminazione dei sessi
Capofamiglia: Colui che ha la responsabilità giuridica della famiglia (quasi sempre il padre)
Illegale: contro legge, non legale
Ambito: campo, circuito
Inculcare: imprimere, fissare
Semmai: caso mai, tutt'al più

ESPRESSIONI

Prendere spunto da qualcosa o qualcuno: prendere l'idea da qualcosa o da qualcuno
Fare qualcosa di sfuggita: fare qualcosa senza soffermarsi troppo
Fare la calzetta: lavorare all'uncinetto, ricamare

17. LA CITTÀ DI TERMOLI (4'16")

Si tratta di un reportage sulla città monumentale di Termoli.

PRIMA SEQUENZA (3'07")

ATTIVITÀ 1

Rispondete alle seguenti domande:

	vero	falso
1) Il castello è detto di Francesco II di Svevia		
2) Il castello è di origine longobarda		
3) Il castello, come le fortezze e le rocche, serviva da difesa		
4) Nel 1238 il re concesse agli abitanti il diritto di fare mercato		
5) La torretta che si vede è invece di origine etrusca		

ATTIVITÀ 2

Mettete una X all'affermazione esatta

1) Il porto moderno è nello stesso posto del porto antico ☐
2) Il porto moderno risale al 1910 ☐
3) Il patrono di Termoli è San Basso ☐
4) La processione avviene nella piazza del paese ☐
5) I motopescherecci partecipano alla processione ☐
6) Il borgo è la parte storica di Termoli ☐
7) La popolazione di Termoli era composta da agricoltori ☐

ATTIVITÀ 3

Descrivete le case dei pescatori e un po' la loro storia

....
....
....
....
....

Video Italiano 3

SECONDA SEQUENZA (1'09")

Attività 4

Dopo aver visto la seconda sequenza, rispondete per iscritto alle seguenti domande:

1) Perché ci sono poche case di pescatori?
   ....
   ....

2) Quale palazzo si trova nella piazza?
   ....
   ....

3) Cosa c'è nella Cattedrale?
   ....
   ....

4) Perché sono particolari i mosaici della Cattedrale?
   ....
   ....

FILMATO PER INTERO

Attività 5

Dopo aver visto il filmato per intero verificate le attività precedenti

Attività 6

La giornalista ha scritto un articolo ma con tre informazioni errate. Sapreste individuarle?

> Termoli è una cittadina molto caratteristica e ha un grande passato storico. Prima del 1238 Federico II di Svezia non permetteva ai cittadini il mercato. Dopo quella data concesse di far fare il mercato ai propri sudditi e così la cittadina si sviluppò ancora di più. A Termoli c'è una processione in cui i pescatori nuotano per arrivare ai loro pescherecci e per portare il santo. Le case tipiche dei pescatori sono una vera e propria attrazione turistica! Infatti si possono anche fittare e fare così le vacanze estive in modo piacevole ed economico.
> Il monumento che si deve assolutamente vedere è la Cattedrale in cui si trovano le reliquie dei due santi di Termoli.

VOCABOLARIO

Restaurare: riparare, ripristinare
Sentinella: guardia, vedetta
Struttura: composizione, organismo
Fortezza: fortificazione
Rocca: fortificazione
Concedere: dare, elargire
Riallacciarsi: riprendere, allacciarsi di nuovo
Processione: corteo
Motopescchereccio: barca di pescatori con motore
Borgo: villaggio, frazione di un paese
Accedere: avvicinarsi, accostarsi
Insediamento: presa di possesso
Incuria: noncuranza, trascuratezza
Reliquia: resto, cimelio

ESPRESSIONI

Torretta di avvistamento: torre da dove le guardie si appostavano per vedere se veniva il nemico
Mura federiciane: mura dell'epoca di Federico di Svevia

18. LA MODA (2'28")

È una sequenza tratta da una trasmissione sulla moda per uomo: Pitti Uomo.

PRIMA VISIONE

ATTIVITÀ 1

Dopo aver visto il filmato, rispondete alle seguenti domande:

a) A che cosa ha fatto attenzione Pitti Uomo?
....
....

b) Quale necessità ha evidenziato la nuova edizione di Pitti Uomo?
....
....

c) Cosa vuol dire la frase "per l'Italia la moda è una voce importante della bilancia commerciale"?
....
....

d) Qual è la caratteristica degli stand Pitti Uomo?
....
....

ATTIVITÀ 2

Riassumete brevemente le opinioni delle due donne intervistate

Video Italiano 3

SECONDA VISIONE

ATTIVITÀ 3
Rivedete il filmato e verificate le attività precedenti

ATTIVITÀ 4
Guardate le due foto e dopo averle descritte, immaginate uno slogan per ognuna di esse

....
....
....

....
....
....

ATTIVITÀ 5
Role Play
*A vuole comprare un capo di abbigliamento e telefona a **B** per chiedere informazioni sul suddetto capo (colore, misure, taglio, ecc.) e sulle modalità di pagamento. **B** deve rispondere e convincerlo a comprare da lui*

ATTIVITÀ 6
Parliamo un po'
L'Italia è famosa, fra l'altro, per la sua moda facendo concorrenza alla Francia. A voi piace la moda italiana?
Preferite stilisti francesi o italiani?
Conoscete almeno tre stilisti italiani e le rispettive caratteristiche?

Cosa significa essere alla moda?
Per voi è importante essere alla moda?
Nel vostro Paese ci sono bravi stilisti?
Nel vostro Paese com'è vista la moda italiana?

VOCABOLARIO

Inversione: capovolgimento, rovesciamento
Profilare: disegnare, ma anche presentarsi, intravedersi una situazione (fig.)
Apparenza: sembianza, esteriorità
Recuperare: riprendere, riacquistare
Vestibilità: adattabilità di un abito a chi lo indossa

ESPRESSIONI

"Mica...": per nulla, affatto. Si usa come rafforzativo della negazione (es.: non è mica vero!)

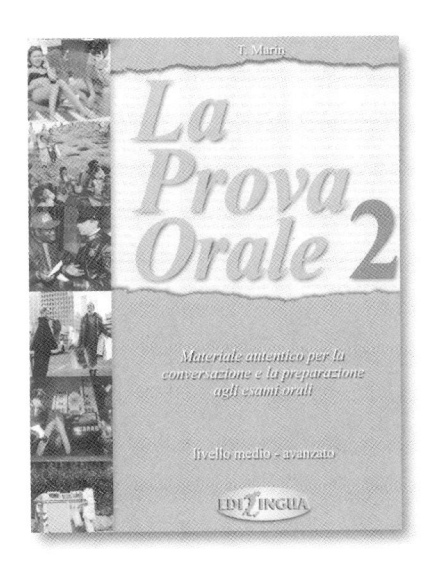

T. Marin
La Prova Orale 2
Materiale autentico per la conversazione e la preparazione agli esami orali
Livello medio - avanzato

La Prova Orale 2 costituisce il secondo ed ultimo volume di un moderno manuale di conversazione per studenti d'italiano L2. Il libro mira a fornire quelle opportunità e quegli spunti idonei ad un esprimersi spontaneo e corretto, e, nello stesso tempo, a preparare gli studenti ad affrontare con successo la prova orale delle Certificazioni delle Università di Perugia (CELI 3, 4 e 5), Siena (CILS 3 e 4) o altri simili, di cui segue la tipologia.

Il libro è diviso in quattro parti:
A. Le **unità tematiche**, argomenti tratti da temi di attualità, che toccano quasi tutti i settori della vita moderna.
B. I **compiti comunicativi**, simili a quelli di vari esami orali, come p.e., il terzo livello delle Certificazioni dell'Università di Perugia (CELI 3).
C. **Espressioni e massime**: simili a quelle di vari esami orali, come p.e., il quinto livello delle Certificazioni dell'Università di Perugia (CELI 5).
D. Un **glossario** che facilita la preparazione della discussione, risparmiando tempo prezioso.

La conversazione trae continuamente spunto da materiale autentico (fotografie - stimolo da descrivere o da mettere a confronto, grafici e tabelle da descrivere, testi tratti dalla stampa, letterari e saggistici da riassumere), corredato da una grande quantità di domande che motivano gli studenti, dando loro la possibilità di intervenire più volte.

La Prova Orale 2 può essere adottata in classi che hanno completato circa 160-180 ore di lezione, ed essere usata fino ai livelli più avanzati. È stata disegnata in modo da poter essere inserita in curricoli diversi e in qualsiasi momento del curricolo stesso.

T. Marin
Ascolto Avanzato
Materiale per preparazione alla prova di comprensione orale e lo sviluppo dell'abilità di ascolto
Livello superiore

Ascolto Avanzato mira alla preparazione della prova di comprensione orale degli esami di certificazione delle Università italiane, quali CELI (4 e 5) e CILS (3 e 4) o altri simili. L'uso di brani autentici e la cassetta a suo corredo ne rappresentano le novità, facendo del libro un valido aiuto anche per chi vuole sviluppare la sua abilità di ascolto.

Ognuno dei 30 testi è corredato da esercitazioni di tipo:
- scelta multipla
- completamento con le parole mancanti
- individuazione di informazioni esistenti o meno

I brani sono stati accuratamente selezionati da trasmissioni della televisione e della radio italiana e coprono una grande varietà di argomenti di interesse italiano: cinema, musica, moda, cucina, storia contemporanea, libri, tecnologia, ambiente, cronaca, teatro, televisione, ecc.. Così lo studente ha la possibilità di trovarsi a contatto non solo con la lingua viva ma anche con la realtà italiana. La varietà delle voci ascoltate nella cassetta (oltre 60) consente, inoltre, il miglioramento dell'accento, della pronuncia e dell'intonazione.

Ascolto Avanzato si rivolge a studenti che hanno completato circa 180-200 ore di lezione. È accompagnato da una audiocassetta (60 min.) per lo studente e dal libro con le trascrizioni dei testi e le chiavi delle esercitazioni.

La collana è completata da *Primo Ascolto* e *Ascolto Medio*.